« À Ludo, mon amoureux citronné… »

Pour être tenu au courant de nos publications, envoyez vos coordonnées à :
La Plage – Rue du Parc – 34200 Sète
edition@laplage.fr
www.laplage.fr

ISBN : 978-2-84221-214-8
Conception graphique : David Cosson – dazibaocom.com
Corrections : Clémentine Bougrat
Photogravure : Pays d'Oc, Montpellier
Imprimé à Barcelone sur les presses de Beta (SP),
imprimeur labellisé pour ses pratiques respectueuses de l'environnement.

DOUCEURS CITRON BIO

RECETTES ET ASTUCES DE CLEA

Photographies de Myriam Gauthier-Moreau
Dessins Cam-tu Pacquereau

éditions la plage

Sommaire

UN CITRON, DES CITRONS...

LE CITRON JAUNE

Le citron jaune, fruit du citronnier, est un agrume très juteux cultivé dans les régions chaudes. En France, il est principalement produit sur la Côte d'Azur (citron de Menton). Très acide, il est rarement consommé tel quel (à l'exception du citron doux). On cuisine généralement son écorce et son jus en association avec d'autres ingrédients, sucrés comme salés.

LE CITRON VERT

Le citron vert n'est pas un dérivé du citron jaune mais de la lime, fruit originaire des Antilles. Il est plus petit, plus acide et plus juteux que le citron jaune.

LE CÉDRAT

Ancêtre du citron, le cédrat est un gros agrume, très amer mais également très parfumé. On ne le consomme que confit, mais son arôme fin et subtil, mélange un peu poivré de citron et de pamplemousse, le rend très recherché en parfumerie comme en pâtisserie. Vous pouvez utiliser le cédrat confit en lieu et place des écorces de citron confites ou bien du gingembre confit dans certaines recettes.

LE YUZU

Le yuzu est un agrume japonais actuellement très « tendance » en cuisine et en pâtisserie. Il est difficile à trouver frais en dehors du Japon, mais on peut acheter du jus ou de la poudre de yuzu dans les épiceries spécialisées dans l'alimentation japonaise. Le yuzu est moins acide que le citron jaune et son parfum est plus délicat, rappelant un peu la mandarine ou encore le cédrat.

Toutes les recettes à base de citron jaune peuvent être réalisées avec du yuzu. Le pendant « vert » du yuzu est le kabosu, agrume produit dans le Sud du Japon et dont le jus est couramment utilisé en cuisine et en pâtisserie.

LE CITRON BERGAMOTE

Différencié du citron jaune par sa forme (une base proéminente), il est très parfumé. On le trouve souvent dans les magasins d'alimentation biologique au cœur de l'hiver. Il faut en profiter, car sa saison est courte. Vous pouvez l'utiliser à la place du citron jaune dans toutes les recettes.

L'ESSENCE DE CITRON (*CITRUS LIMONUM*)

L'essence de citron provient de l'écorce. Elle a toutefois un arôme plus complexe que celui du zeste ou du simple jus, dont elle accentue la saveur et le parfum. Il s'agit bien d'une essence et non d'une huile essentielle ; on peut donc l'utiliser avec un peu moins de parcimonie et aller jusqu'à 10 gouttes pour une préparation qui va cuire, car la cuisson atténue son action. Contrairement au jus de citron, elle ne fait pas tourner le lait, ce qui rend son emploi avantageux dans les yaourts ou les crèmes renversées. Néanmoins, comme pour une huile essentielle, son utilisation doit être contrôlée : elle est déconseillée aux femmes enceintes et aux jeunes enfants car, en trop grandes quantités, elle peut irriter les muqueuses. Avant de l'incorporer dans un dessert, intégrez-la toujours à un support huileux ou sirupeux.

ASTUCES CITRONNÉES

Achetez toujours des citrons issus de l'agriculture biologique. Tous les autres sont traités au diphényle, un produit hautement toxique. De plus, les citrons bio sont cueillis à maturité, tandis que les non bio sont récoltés encore verts et mûris artificiellement. Avant utilisation, toujours laver et brosser l'écorce sous l'eau chaude. Les brosses en fibres végétales que l'on trouve dans les magasins bio sont d'ailleurs tout indiquées pour cet usage.

Choisissez-les lourds et fermes, avec une peau fine et bien jaune, pas trop grumeleuse. Ils se conserveront plusieurs jours dans le bas du réfrigérateur. Vous pouvez également congeler du jus dans des moules à glaçons, pour en avoir toujours sous la main.

Le jus de citron doit être utilisé immédiatement après pressage, pour éviter qu'il ne s'oxyde. N'hésitez pas à en presser quelques gouttes sur des fruits coupés, cela les empêchera de noircir. En revanche, évitez d'utiliser du jus de citron avec du lait ou de la crème, qu'il ferait tourner (préférez-lui un peu d'essence de citron).

UN PEU DE MÉTHODE

LE BON GESTE POUR LE BON ZESTE

Plusieurs méthodes s'offrent à vous pour prélever le zeste d'un citron.

Vous pouvez tout d'abord utiliser un **couteau zesteur** ou une **râpe** (râpe à fromage ou râpe Microplane), qui vous permettront de prélever des filaments de zeste sans toucher à la peau blanche (très amère). Libre à vous ensuite de les hacher plus finement ou bien de les utiliser tels quels. Vous pouvez également vous servir d'un **économe** ou d'un **épluche-légumes**, qui vous permettront de recueillir de larges bandes d'écorce, toujours en évitant la partie blanche. Il faudra généralement les retailler ensuite. On peut zester aussi bien le citron vert que le citron jaune.

COMMENT FAIRE DES ÉCORCES DE CITRON CONFITES ?

Certaines recettes appellent l'utilisation d'écorces de citron confites. On les trouve dans les magasins bio, mais rien n'empêche de les confectionner soi-même. Il ne s'agit pas seulement des zestes, mais aussi de rondelles de citron entières confites dans du sucre puis coupées en tout petits dés.

Coupez 4 citrons en rondelles de 3 mm d'épaisseur environ. Mettez-les dans une casserole, en alternant les couches de citron et de sucre (200 g de sucre de canne blond). Couvrez d'eau à hauteur, portez à ébullition et laissez frémir pendant 45 minutes environ. Il faut les conserver (avec leur jus) dans un bocal stérilisé, au réfrigérateur, et les consommer sous 5 semaines. Quand vous en avez besoin, prélevez quelques rondelles, égouttez-les et coupez-les en petits dés.

UN BON ZESTE POUR NE RIEN GÂCHER !

À chaque fois que vous aurez besoin du seul jus du citron pour une recette, n'oubliez pas de prélever le zeste et de le mettre de côté. Vous pourrez ainsi le faire sécher et le conserver pour une utilisation ultérieure.

Pour faire sécher les zestes, laissez-les 48 heures à l'air libre, étalés sur une plaque. Ou bien, si le climat de votre cuisine est trop humide ou si vous utilisez votre four pour faire cuire un autre plat, profitez-en : 45 minutes à 100 °C suffiront.

Vous pourrez utiliser ces zestes séchés dans toutes les recettes qui requièrent du zeste de citron. Mais vous pouvez également faire du sucre parfumé (un beau cadeau gourmand), ou encore les passer au mixeur pour obtenir une poudre d'agrume à parsemer où bon vous semble.

SE TENIR AU JUS

Pour recueillir le jus d'un citron, là encore, plusieurs méthodes s'offrent à vous.

Si vous n'avez besoin que de quelques gouttes, ne le coupez pas en deux. Faites plutôt quelques petits trous à l'aide d'une **fourchette** et pressez doucement. Vous pourrez ainsi mieux conserver le jus restant (au réfrigérateur, dans la peau du citron).

Pour prélever tout le jus, vous avez le choix entre un simple **presse-agrumes**, une **centrifugeuse** ou encore un **extracteur de jus**, selon votre équipement et la quantité de jus que vous souhaitez obtenir.

Pour bien conserver un citron entamé, placez-le dans un petit ramequin, côté coupé en dessous, et couvrez ce ramequin d'une tasse à café. Conservez au réfrigérateur, pas plus d'un jour ou deux. Si vous avez pressé trop de jus, pensez à le congeler dans des **moules à glaçons**. Vous pourrez ainsi le réutiliser lorsque vous aurez besoin de petites quantités de jus.

LE CITRON, C'EST LA SANTÉ !

Le citron jaune a de multiples vertus conférées par son acidité, sa richesse en vitamine C (50 mg pour 100 g de fruit) et en antioxydants. Il est :

ANTIOXYDANT

Il aide à lutter contre le vieillissement cellulaire. En fixant le calcium, il contribue également au bon développement des dents et des os.

ANTISEPTIQUE ET ANTI-INFECTIEUX

C'est un très bon remède contre les refroidissements (rhumes, grippes) et les infections urinaires, de la gorge ou des reins.

ANTISTRESS

Le jus de citron aiderait à combattre un stress intense et/ou prolongé.

COSMÉTIQUE

Le citron est excellent pour les ongles et la peau, dont il contribue à maintenir le pH. Il aide à gommer les imperfections et les irritations cutanées. On trouve aujourd'hui dans le commerce des produits de beauté à base de citron et de miel, mais rien n'empêche de les faire soi-même. D'ailleurs, pour avoir de jolis ongles bien blancs, il suffit de gratter la pulpe d'un demi-citron !

DIGESTIF

En stimulant les fonctions de détoxication de l'organisme, le citron favorise la digestion et l'élimination des graisses. On peut ainsi ajouter quelques gouttes de citron à certains plats et/ou boire un jus de citron au lever, pour stimuler le foie. De plus, il contribue à diminuer le taux de sucre dans le sang, ce qui pourrait lui conférer des propriétés antidiabétiques.

DIURÉTIQUE

Riche en potassium, il favorise l'élimination des toxines.

TONIQUE

En abaissant la viscosité sanguine, le citron fluidifie le sang et améliore sa circulation. C'est un bon remède contre les jambes lourdes.

Le citron est un excellent allié de notre santé, à consommer sans modération tout au long de la journée. Ce livre vous propose des recettes de desserts, certains bien gourmands, d'autres lightissimes, à sélectionner au moment du petit déjeuner, de la fin du repas ou du goûter. Mais rien ne vous empêche d'introduire plus largement le citron dans votre alimentation, en en faisant l'assaisonnement premier de vos salades de crudités ou encore en arrosant d'un filet de jus bien frais vos assiettes au moment de les servir.

MON BIO PLACARD

Si vous me dites « dessert bio au citron », il y a de grandes chances pour que je vous réponde...

CRANBERRY

La petite baie qui monte se trouve au rayon fruits secs de votre magasin bio. Tendre et acidulée, elle est très complémentaire du citron.

GINGEMBRE CONFIT

Son petit côté piquant et épicé, mais aussi tendre et sucré, fait des merveilles avec le citron. Un duo incontournable.

GRAINE DE PAVOT

Ce sont les croquants et le joli aspect bleuté de cette minuscule graine qui en font l'alliée du citron dans les cakes, les tartes ou les muffins.

HUILE D'OLIVE

Très douce, l'huile d'olive a une saveur délicate qui permet de la glisser sans hésitation dans la pâte d'un gâteau au citron, en remplacement du beurre, pour un résultat plus subtil.

PIGNON DE PIN

L'alliance citron-pignon rappelle la Provence et invite presque automatiquement le soleil par la fenêtre de la cuisine !

PURÉE D'AMANDE BLANCHE

Ingrédient incontournable des desserts bio, la purée d'amande blanche remplace parfaitement le beurre dans toutes les préparations, ou presque. La saveur de l'amande associée au citron donne un résultat tout simplement divin.

PURÉE DE NOISETTE

Surprise, la noisette s'accorde également très bien avec le citron ! Le résultat est plus fruité et acidulé qu'avec l'amande blanche.

SIROP D'AGAVE

Ce sucre au goût très doux s'accorde naturellement avec le citron, dont il porte la saveur acidulée tout en l'adoucissant.

SUCRE DE CANNE BLOND

Pour les desserts au citron, préférez le sucre de canne blond au sucre complet. Ainsi, les saveurs des différents ingrédients seront plus affirmées. Seule exception : un bon cake ou pain d'épices aux écorces de citron confites sera délicieux avec un sucre complet, de type Rapadura ou Muscovado.

YAOURT DE BREBIS

Le citron et les produits laitiers, c'est une belle histoire d'amour, mais avec le yaourt de brebis, c'est le coup de foudre assuré !

Citron à partager

TARTE AU CITRON PRESQUE TRADITIONNELLE

Amateurs de tartes au citron, il va falloir choisir votre camp : les affrontements entre les « meringuées » et les autres se précisent… Pour moi, c'est sans meringue, forcément ! Et sans beurre, tenez, au passage. La purée d'amande suffit pour l'obtention d'une pâte à la fois goûteuse et sablée, tandis que la crème au citron tire son onctuosité de l'arrow-root (fécule que l'on peut éventuellement remplacer par de la fécule de maïs) et de la crème d'amande liquide.

6 🕴🕴🕴🕴🕴🕴

POUR LA PÂTE

- 125 g de farine T65
- 60 g de purée d'amande blanche
- 25 g de sucre de canne blond

POUR LA GARNITURE

- 3 citrons
- 120 g de sucre de canne blond
- 3 œufs
- 1,5 c. à soupe d'arrow-root
- 150 ml de crème d'amande liquide

ASTUCES :

• Si vous en avez vraiment envie, rien ne vous empêche de confectionner une meringue avec 2 blancs d'œufs battus en ajoutant un peu de sucre. On la cuit pendant quelques instants sous le gril, juste avant de servir.

• Ne confondez pas purée et crème d'amande ! La purée est une sorte de pâte à tartiner très onctueuse, tandis que la crème est liquide comme celle au lait de vache. Si vous ne trouvez pas de crème d'amande liquide, remplacez-la dans cette recette par le jus d'un quatrième citron.

Préchauffer le four à 160 °C.

Dans un saladier, mélanger les ingrédients de la pâte. Ajouter un tout petit filet d'eau. Tasser les deux tiers de ce mélange dans un moule de 20 cm de diamètre. Avec le tiers restant, former les bords. Cuire à blanc pendant 25 minutes.

Pendant ce temps, râper les zestes de 2 citrons et presser les 3. Placer zestes, jus et sucre dans une casserole sur feu doux pour 5 minutes. Dans le saladier, casser un œuf et battre à la fourchette avec l'arrow-root. Ajouter les autres œufs et fouetter tout en incorporant la crème liquide. Ajouter le mélange citron-sucre bien chaud, puis reverser le tout dans la casserole. Sur feu vif, toujours en fouettant, faire épaissir la préparation.

Verser sur le fond de tarte. Réserver au réfrigérateur.

PINK CRUMBLE ACIDULÉ

Voici la recette idéale pour venir à bout d'un jardin de juillet envahi de framboises… et recommencer dès le lendemain avec la nouvelle récolte, tant l'association citron confit et framboises s'avère divine !

4 (personnes)

- 650 g de framboises
- 150 g de petits flocons d'avoine
- 120 g de sirop de riz
- 60 g d'huile d'olive
- 80 g d'écorces de citron confites coupées en dés

ASTUCES :
• Si vous ne croulez pas sous les framboises, diminuez leur quantité et ajoutez 1 ou 2 pêches ou pommes en morceaux. Vous pouvez également réaliser cette recette avec des abricots au lieu des framboises.
• Ce crumble sera particulièrement divin servi avec une boule de glace au lait d'amande.

Préchauffer le four à 180 °C.

Rincer les framboises et les disposer dans un plat à gratin.

Dans un saladier, mélanger les autres ingrédients du bout des doigts puis éparpiller sur les fruits.

Enfourner pour 30 minutes. Servir tiède ou froid.

GRATIN DE FRUITS « CROUSTIFONDANT »

Des fruits nappés d'une crème au citron et ornés d'une parure croustillante… Ce gratin fonctionne avec tous les fruits, ou presque (j'ai seulement des doutes concernant l'avocat et la tomate !). Le top : mangues, prunes, framboises, myrtilles, abricots… Vous pourrez le réaliser en toute saison.

4 🧍🧍🧍🧍

POUR L'APPAREIL

- 250 g de fruits au choix
- ½ pot de pâte à tartiner au citron, soit 175 g (voir recette page 68)

POUR LA CROÛTE GRATINÉE

- 4 c. à soupe de farine T65, soit 40 g
- 2 c. à soupe de poudre d'amande, soit 10 g
- 3 c. à soupe de sucre blond ou brun, soit 30 g
- 2 c. à soupe rases de purée d'amande blanche, soit 40 g

Préchauffer le four à 180 °C.

Répartir les fruits coupés en morceaux dans un plat à gratin. Ajouter la pâte à tartiner et mélanger délicatement.

Pour le croustillant, mélanger le reste des ingrédients du bout des doigts et émietter sur les fruits.

Enfourner pour 20 minutes. Servir tiède ou froid.

ASTUCE :
Vous pouvez également choisir de verser ce gratin de fruits sur un fond de pâte brisée. Dans ce cas, faites cuire 10 minutes supplémentaires. La croûte est alors facultative, mais néanmoins délicieuse !

FONDANT AU CITRON FAÇON FIADONE

Le fiadone est une spécialité corse, un gâteau très fondant réalisé à partir d'un fromage local, le brocciu. À défaut de celui-ci, cette version à base de faisselle, certes peu académique, est néanmoins délicieuse. Un gâteau à servir ultrafrais, par une belle journée d'été.

POUR 1 MOULE ROND DE 20 À 22 CM DE DIAMÈTRE

- 400 g de faisselle égouttée
- 4 œufs
- 150 g de sucre de canne blond
- Le zeste de 1 citron

ASTUCES :
• Si vous réalisez ce gâteau en portions individuelles, ramenez le temps de cuisson à 25 minutes environ.
• Il est également délicieux garni de framboises.

Préchauffer le four à 175 °C.

Battre la faisselle avec les œufs, ajouter le sucre et le zeste râpé.

Verser le mélange dans le moule garni de papier cuisson pour faciliter le démoulage et enfourner pour 30 à 45 minutes (le gâteau doit être gonflé et doré, il retombe ensuite à la sortie du four).

Laisser refroidir et servir bien frais.

GÂTEAU ESSENTIEL 0 %

Le gâteau au fromage blanc est un classique des tables d'été. Il est idéal quand on a une jolie coupelle de fruits rouges du jardin à utiliser et que l'on a envie de réaliser un dessert facile et léger, mais qui « en jette » !

6

500 g de fromage blanc à 0 % de matières grasse
2 œufs
60 g d'arrow-root
80 g de sirop de riz
10 gouttes d'essence de citron
75 g de fruits rouges (frais ou surgelés)

ASTUCE :
Cette recette est une bonne base. N'hésitez pas à la faire évoluer avec les saisons : pommes en automne, fruits secs ou gingembre confit en hiver, mangue au printemps...

Préchauffer le four à 175 °C.

Dans un bol, mélanger au batteur électrique le fromage blanc, les jaunes d'œufs, l'arrow-root, le sirop de riz et l'essence de citron.

Dans un autre récipient, battre les blancs en neige ferme. Ajouter les fruits au mélange de fromage blanc et incorporer les blancs battus très délicatement pour ne pas les casser.

Verser le tout dans un moule garni de papier cuisson afin de faciliter le démoulage. Enfourner pour 45 minutes. Le gâteau gonfle beaucoup puis s'affaisse lorsqu'il refroidit. Conserver au réfrigérateur et consommer bien frais.

GÉNOISE AMANDINE AU CITRON

Bien moelleuse, cette génoise ne contient pas de produits laitiers et associe idéalement les saveurs si complémentaires de l'amande et du citron. Ayez le réflexe de ne pas choisir un moule d'un trop grand diamètre (22 cm maximum), sinon la pâte risque de s'étaler sans lever.

POUR 1 GÉNOISE

- 3 œufs
- 80 g de sucre de canne blond
- 60 g de purée d'amande blanche
- 2 citrons (zestes et jus)
- 40 g de farine T65
- 1 c. à café de poudre à lever
- 40 g de poudre d'amande

ASTUCES :
• Cette génoise est à déguster telle quelle, ou bien à customiser pour des versions plus festives. Par exemple : couper en deux dans la hauteur et garnir de pâte à tartiner au citron (voir recette page 68) et de fruits frais. Décorer de modelages en pâte d'amande.
• Vous pouvez remplacer la poudre d'amande du commerce par des amandes finement broyées.

Préchauffer le four à 170 °C.

Séparer les blancs des jaunes d'œufs. Battre les jaunes avec le sucre jusqu'à ce que le mélange blanchisse et mousse. Ajouter la purée d'amande et le jus des citrons en battant énergiquement, puis incorporer la farine, la poudre à lever, la poudre d'amande et les zestes de citron râpés.

Battre les blancs d'œufs en neige bien ferme et incorporer très délicatement au mélange.

Enfourner pour 25 minutes environ. Vérifier la cuisson avec la pointe d'un couteau. Laisser totalement refroidir sur une grille.

CAKE TRÈS TRÈS CITRON

Citron et huile d'olive : voilà un duo de choc qui fonctionne particulièrement bien dans les cakes et les gâteaux. L'huile d'olive apporte un parfum délicat et complémentaire du citron. Attention, ce cake est très citronné : à réserver aux vrais amateurs d'acide-acidulé !

POUR 1 MOULE À CAKE RECTANGULAIRE

- 3 œufs
- 140 g de sucre de canne blond
- 3 citrons
- 100 ml d'huile d'olive
- 200 g de farine de blé T65
- 1 c. à café bombée de poudre à lever
- 40 g de poudre d'amande
- 50 g d'écorces de citron confites coupées en dés

ASTUCE :
Vous pouvez opter pour des versions miniatures (financiers, madeleines...). Dans ce cas, une cuisson de 8 à 10 minutes suffira.

Préchauffer le four à 180 °C.

Fouetter les œufs entiers avec le sucre au batteur électrique, jusqu'à ce que le mélange mousse et triple de volume. Laver les citrons et râper le zeste de l'un d'entre eux. Presser tous les citrons pour récupérer leur jus. Incorporer le jus, le zeste de citron et l'huile dans le mélange aux œufs, sans cesser de fouetter.

Ajouter la farine, la poudre à lever et la poudre d'amande en les tamisant à travers un chinois. Ajouter enfin les écorces, en mélangeant avec une spatule.

Verser la pâte dans un moule à cake bien huilé, puis enfourner pour 50 minutes environ. Vérifier la cuisson à l'aide de la pointe d'un couteau.

Laisser refroidir avant de couper en tranches. Ce cake se bonifie avec le temps : vous pouvez le faire quelques jours à l'avance et le conserver bien emballé dans un torchon propre.

Citron à grignoter

COOKIES CITRON ET CHOCOLAT

Il existe autant de recettes de cookies que de manières de les apprécier… Pour vous, c'est comment ? Moelleux ou croustillants ? Ici, les cookies sont moelleux à l'intérieur mais croustillants à l'extérieur, pour contenter le plus grand nombre !

POUR 20 COOKIES

- Le zeste râpé de 1 citron
- 150 g de farine de blé T80
- 1 c. à café de poudre à lever
- 70 g de sucre de canne blond
- 60 g de purée d'amande blanche
- 2 c. à soupe d'huile d'olive
- 1 œuf
- 4 gouttes d'essence de citron (facultatif)
- 30 g d'écorces de citron confites coupées en dés
- 40 g de pépites de chocolat noir

ASTUCE :
Le mélange chocolat noir et citron confit est un délice, mais à vous de varier les plaisirs en remplaçant ce dernier par d'autres fruits secs ou confits.

Dans un saladier, mélanger tous les ingrédients sauf les écorces de citron et les pépites de chocolat. Façonner un boudin de pâte et placer au réfrigérateur pour 30 minutes minimum.

Préchauffer le four à 180 °C.

Sortir le boudin du réfrigérateur, placer sur une planche à découper et trancher soigneusement en rondelles de 5 mm d'épaisseur. Aplatir chacune du plat de la main et décorer d'écorces de citron et de pépites de chocolat.

Enfourner pour 12 minutes. Laisser refroidir. Ces cookies peuvent se conserver dans une boîte hermétique pendant 1 semaine.

SABLÉS TOUT SIMPLES

Voici une recette de base pour des sablés citronnés tout simples, à réaliser pour les petites ou les grandes occasions. Pensez à les confectionner assez épais, ils seront ainsi croquants sans être durs.

POUR 15 À 20 SABLÉS

- 200 g de farine de blé T80
- 80 g de purée d'amande blanche
- 1 citron
- 80 g de sucre de canne brun
- 1 œuf

ASTUCE :
Si vous souhaitez réaliser des sablés plus rustiques et sans sucre, remplacez ce dernier par le même poids (net) de dattes medjoul que vous mixerez avec le jus de citron avant d'incorporer les autres ingrédients. Dans ce cas, 125 g de farine suffiront. Les dattes s'accordent très bien avec le citron.

Préchauffer le four à 180 °C.

Dans un saladier, verser la farine. Incorporer la purée d'amande en émiettant le tout du bout des doigts. Ajouter le zeste râpé et le jus du citron, puis le sucre et l'œuf entier.

Pétrir pour former un boudin de pâte. Couper en tranches de 7 mm d'épaisseur environ.

Disposer sur une plaque et enfourner pour 10 à 12 minutes. Laisser refroidir. Ces sablés peuvent se conserver dans une boîte hermétique pendant 1 semaine.

FLÛTES AUX CRANBERRIES

Ces petits roulés en feuilles de brick sont croustillants à l'extérieur mais révèlent une garniture bien crémeuse dès que l'on mord dedans. L'alliance citron-*cranberries*, dont le succès n'est plus à prouver, apporte en prime une jolie touche colorée à cet en-cas de toute heure.

4 👤👤👤👤

- 230 g de fromage blanc à 20 % de matières grasses
- 2 œufs
- 30 g de semoule de blé fine
- 40 g de *cranberries*
- ½ c. à café de vanille en poudre
- Le zeste de 1 citron
- 50 g de sucre de canne blond
- 8 feuilles de brick

ASTUCES :
• Dégustez plutôt chaud ou tiède que froid, pour conserver à ces petites flûtes tout leur croustillant.
• Si vous ne trouvez pas de *cranberries*, remplacez-les par des écorces de citron confites ou bien des raisins secs.

Préchauffer le four à 180 °C.

Égoutter soigneusement le fromage blanc, en utilisant une passoire et un linge très fin.

Séparer les blancs des jaunes d'œufs. Battre les jaunes avec le fromage blanc, la semoule de blé, les *cranberries*, la vanille et le zeste de citron finement râpé.

Monter les blancs en neige, en ajoutant le sucre lorsqu'ils commencent à prendre. Incorporer délicatement au mélange précédent.

Garnir chaque feuille de brick avec la farce puis replier les bords et rouler de manière à former de fins cigares. Enfourner pour 20 minutes.

BARRES AU CITRON

La *lemon bar* est une spécialité américaine, star des paniers à pique-niques et plutôt riche en beurre et en œufs. Il est pourtant très simple de l'alléger sans pour autant sacrifier la texture qui fait tout son succès, à savoir : croquant dessous, fondant dessus ! En ajoutant des graines de pavot, on obtient un petit craquant très agréable.

POUR LA PÂTE

100 g de farine T65
50 g de sucre de canne blond
30 g de poudre d'amande
60 g de purée d'amande blanche
2 c. à soupe de graines de pavot

POUR LA GARNITURE

2 citrons
2 œufs
4 gouttes d'essence de citron (facultatif)
100 g de sucre de canne blond

ASTUCES :
- Essayez également la version nature (sans pavot) ou bien remplacez le pavot par des graines de sésame noir.
- La noisette et le citron faisant un beau mariage, vous pouvez remplacer poudre et purée d'amande par de la poudre et de la purée de noisette.

Préchauffer le four à 180 °C. Huiler un moule à gâteau carré.

Dans un saladier, mélanger tous les ingrédients de la pâte du bout des doigts. Ajouter un tout petit peu d'eau, juste assez pour avoir une consistance sablée un peu humide. Tasser ce mélange dans le fond du moule. Enfourner pour 25 minutes.

Laver les citrons. Râper finement le zeste de 1 citron et presser les 2. Verser zeste et jus dans le saladier puis ajouter les autres ingrédients de la garniture. Battre au fouet pour obtenir un mélange mousseux.

Lorsque les 25 minutes de cuisson à blanc de la pâte sont écoulées, verser ce mélange dessus et enfourner pour 25 minutes supplémentaires.

Laisser refroidir. Couper en rectangles. Conserver dans une boîte hermétique au réfrigérateur.

BISCOTTES AUX PIGNONS

« Biscottes » ou « biscuits », l'important, c'est la méthode : « bis-cuit » signifie « cuit deux fois ». Dégustées au petit déjeuner, ces biscottes n'ont nul besoin de confiture ou de beurre pour être appréciées, mais elles accompagnent parfaitement un yaourt (au citron et à la vanille par exemple, voir recette page 64) et une compote de fruits frais.

POUR 20 BISCOTTES

- 3 blancs d'œufs
- 80 g de sucre de canne blond
- 100 g de farine de blé T80
- Le zeste de 1 citron finement râpé
- 40 g d'écorces de citron confites (facultatif)
- 75 g de pignons de pin

ASTUCES :

• Plus vous aimez les biscottes croquantes, plus vous les laisserez cuire la seconde fois. À l'inverse, au bout de 10 minutes, elles sont croustillantes à l'extérieur mais encore assez tendres à l'intérieur.

• Vous pouvez au préalable torréfier les pignons au four, pendant 10 minutes à 200 °C (pendant la phase de préchauffage du four, par exemple), leur goût ressortira alors davantage.

• Avec des amandes émondées, c'est tout aussi délicieux.

Préchauffer le four à 180 °C.

Monter les blancs d'œufs en neige, à vitesse lente. Lorsqu'ils commencent à monter, ajouter le sucre petit à petit. Une fois les blancs montés en neige ferme, incorporer délicatement le reste des ingrédients. Verser dans un moule à cake rectangulaire.

Enfourner pour 30 minutes. Laisser refroidir, puis conserver au réfrigérateur pendant 12 heures environ.

Les 12 heures écoulées, préchauffer à nouveau le four à 180 °C.

Démouler le cake et couper en tranches d'un peu moins de 1 cm d'épaisseur. Disposer sur la plaque du four et enfourner pour 10 à 15 minutes environ, jusqu'à ce que les biscottes soient dorées.

Laisser refroidir. Ces biscottes se conservent une bonne semaine dans une boîte hermétique.

BRITISH SCONES

Les scones sont des petits pains anglais peu sucrés, que l'on déguste traditionnellement avec un peu de beurre et de confiture. Ceux-ci sont bien citronnés et garnis de *cranberries* séchées : on peut donc les consommer nature. Mais il serait dommage de se priver de l'accompagnement d'un peu de confiture pomme-citron (voir recette page 66) ou de pâte à tartiner au citron (recette page 68) !

POUR UNE DIZAINE DE SCONES

- 300 g de farine T65
- 2 c. à café de poudre à lever
- 1 pincée de sel
- 25 g de sucre complet
- 30 g d'huile d'olive
- 1 œuf entier
- Le zeste finement râpé et le jus de 1 citron
- 80 ml de lait de riz
- 1 poignée de *cranberries*

Préchauffer le four à 220 °C.

Dans un saladier, mélanger la farine et la poudre à lever. Ajouter tous les autres ingrédients, dans l'ordre, en mélangeant entre chacun. Former une boule de pâte sans trop la travailler.

Aplatir à la main sur le plan de travail fariné, pour obtenir une épaisseur de 3 cm environ. À l'aide d'un verre à moutarde, marquer des cercles sur la pâte, sans appuyer. Découper chaque cercle avec un couteau pointu. Il est important de découper au couteau et non pas en appuyant avec le verre ou en formant une galette avec les mains, afin que les scones lèvent au maximum à la cuisson.

Disposer sur une plaque et enfourner pour 10 à 12 minutes environ (les scones doivent être encore un peu pâles mais dorés sur les bords). Conserver dans un torchon propre pendant 1 jour ou 2. Déguster tiède ou froid.

ASTUCES :

• Ces scones sont particulièrement délicieux à la sortie du four, à peine tiédis. Comme ils sont très vite faits, n'hésitez pas à vous lancer dans une fournée un matin où vous avez quelques minutes devant vous.

• Si vous n'avez pas de *cranberries*, essayez avec du gingembre confit, des écorces de citron confites, des graines de pavot ou nature.

MUFFINS FRAIS AU CITRON

Ces muffins frais et bien moelleux (grâce au yaourt de brebis), très rapides à préparer, sont faciles à transporter pour les pauses goûter, les pique-niques ou les gamelles du midi.

POUR 10 GROS MUFFINS

- 200 g de farine T65
- 1 c. à café de poudre à lever
- 120 g de sucre de canne brun
- 2 œufs
- 2 c. à soupe d'huile d'olive
- 150 g de yaourt de brebis (ou un mélange de 100 g de yaourt de brebis et 50 g de fromage de brebis frais)
- 1 citron

Préchauffer le four à 200 °C.

Mélanger la farine, la poudre à lever et le sucre dans un grand bol. Creuser un puits. Y casser les œufs. Ajouter l'huile, le yaourt, le zeste finement râpé et le jus du citron. Mélanger brièvement (il faut qu'il reste des grumeaux).

Verser le mélange dans des moules à gros muffins. Enfourner pour 15 minutes environ. Vérifier la cuisson avec la pointe d'un couteau.

Laisser refroidir sur une grille.

ASTUCES :

• Vous pouvez ajouter à la pâte des fruits secs (*cranberries*, figues), des fruits confits (citron, gingembre) ou bien des fruits frais (framboises, myrtilles).

• Si vous êtes particulièrement fan de l'association citron-amande, ajoutez 1 ou 2 gouttes d'essence d'amande amère.

• Si vous n'avez pas de moules à muffins, vous pouvez également choisir de cuire la pâte en version « grand gâteau ». Dans ce cas, prolongez la cuisson jusqu'à ce que la pointe d'un couteau en ressorte sèche.

MADELEINES TONIQUES AU CITRON

Ces madeleines ont le bon goût d'être délicieusement moelleuses à l'intérieur et légèrement croquantes au-dehors, tout comme les madeleines traditionnelles. Sauf qu'elles sont sans beurre, et à la fois épicées et acidulées – c'est le miracle de l'association citron-gingembre, qui fait pétiller les papilles.

POUR 15 MADELEINES

- 3 œufs
- 80 g de sucre de canne blond
- Le zeste de 1 citron
- 4 gouttes d'essence de citron
- 100 g de farine T65
- 1 c. à café de poudre à lever
- 80 g de purée d'amande
- 2 c. à soupe de jus de citron
- Gingembre confit

ASTUCE :
La même recette peut être réalisée sans gingembre confit si vous n'aimez pas cela. À la place, essayez donc avec des graines de pavot ou bien de sésame, noir ou blond.

Dans un saladier, casser les œufs. Ajouter le sucre et battre au fouet jusqu'à ce que le mélange blanchisse et mousse. Ajouter alors le zeste finement râpé et l'essence de citron, la farine et la poudre à lever. Mélanger brièvement, puis incorporer la purée d'amande préalablement battue avec le jus de citron.

Une fois le mélange bien homogène, remplir des empreintes à madeleines. Couper le gingembre confit en dés le plus minuscules possible et décorer chaque madeleine de 4 ou 5 dés.

Placer 30 minutes au réfrigérateur.

Préchauffer le four à 220 °C. Enfourner les madeleines. Au bout de 5 minutes, baisser la température à 180 °C et prolonger la cuisson pendant 3 à 4 minutes environ. Laisser refroidir. Ces madeleines peuvent se conserver plusieurs jours dans une boîte hermétique.

Citron à la petite cuillère

CRUMBLE FAÇON CHEESE-CAKE

Fans de citron et de cheese-cake, réjouissez-vous : non seulement l'abolition du cheese-cake au citron n'est pas pour demain, mais il est de surcroît possible d'en créer des variantes, comme ce cheese-cake inversé façon crumble. Il est même possible, pour les personnes ne consommant pas de lait de vache, d'utiliser un fromage blanc au lait de soja.

4

POUR LA GARNITURE

½ pot de pâte à tartiner au citron, soit 175 g (voir recette page 68)

175 g de fromage blanc de soja (ou bien de vache ou de brebis)

POUR LA PÂTE

4 c. à soupe de farine T65, soit 40 g

3 c. à soupe de poudre d'amande, soit 15 g

3 c. à soupe de sucre blond ou brun, soit 30 g

2 c. à soupe rases d'huile d'olive, soit 20 g

Préchauffer le four à 180 °C.

Dans un grand bol, mélanger la pâte à tartiner et le fromage blanc. Répartir dans 4 ramequins.

Pour la pâte à crumble, mélanger le reste des ingrédients du bout des doigts et émietter sur les ramequins.

Enfourner pour 20 minutes environ. Laisser refroidir. Placer au réfrigérateur et servir frais.

ASTUCES :
• Vous pouvez ajouter quelques framboises ou myrtilles dans le fromage blanc.
• La pâte à crumble peut être remplacée par des spéculoos écrasés (que vous ajouterez une fois la garniture fromagère cuite).

PETITS POTS CITRON-NOISETTE

Citron et noisette : l'association semble moins évidente qu'avec l'amande, et pourtant elle fonctionne merveilleusement. Ces petits pots sont tout simples à réaliser, en 5 minutes à peine, pour un dessert rapide et sain.

POUR 4 PETITS POTS

- 60 g de purée de noisette
- 1 citron
- 250 ml de lait de riz
- 40 g de miel (ou de sucre de canne brun)
- 1 c. à café bien rase d'agar-agar en poudre
- 1 poignée de noisettes

ASTUCE :
• Avec les noisettes concassées, on peut également ajouter des dés de citron confit.
• Pour un dessert encore plus gourmand, ajoutez 1 ou 2 carrés de chocolat noir ou au lait dans la casserole.

Placer la purée de noisette dans un grand bol. Laver le citron et râper finement son zeste. Presser et recueillir le jus. Détendre la purée de noisette en ajoutant le zeste et le jus du citron.

Dans une casserole, mélanger le lait de riz, le miel (ou le sucre) et l'agar-agar. Porter à ébullition et laisser frémir pendant 10 secondes. Délayer la purée de noisette avec le lait chaud versé petit à petit. Transvaser le tout dans 4 petits pots.

Laisser refroidir à température ambiante, puis placer au réfrigérateur pour 1 heure au moins.

Faire dorer les noisettes dans une poêle sans matières grasses pendant quelques minutes. Lorsqu'elles sont bien dorées, leur peau s'enlève toute seule ou presque. Une fois les noisettes pelées, les concasser grossièrement puis disposer dans les petits pots juste au moment de servir.

BLANCS-MANGERS À LA CRÈME AU CITRON VERT

Le citron vert est particulièrement délicieux avec les entremets bien frais, auxquels il donne du pep et une note de bonbon acidulé. Ce blanc-manger simplissime est sublimé par les cuillerées de crème au citron vert qui le recouvrent.

4 (personnes)

POUR LE BLANC-MANGER

- 400 ml de lait de vache
- 1 c. à soupe de sucre de canne blond
- 1 c. à café d'agar-agar

POUR LA CRÈME AU CITRON VERT

- 3 citrons verts
- 1 citron jaune
- 3 œufs
- 1 c. à soupe d'arrow-root (ou de fécule de maïs)
- 60 g de sirop d'agave ou de sucre de canne brun

ASTUCES :

- Il devrait vous rester de la crème au citron vert après cette recette. Vous pouvez la tartiner telle quelle, ou bien la mélanger avec un yaourt au lait de soja et la verser dans des miniverrines que vous décorerez de morceaux de fruits frais.
- Si vous ne tolérez pas le lait de vache, remplacez-le par du lait de riz ou d'amande.

Dans une casserole, mélanger les ingrédients du blanc-manger. Porter à frémissements et laisser frémir pendant 10 secondes. Verser dans 4 récipients individuels (verrines ou coupelles). Laisser refroidir à température ambiante, puis placer au réfrigérateur pour 1 heure (au moins).

Laver les citrons. Râper les zestes de 2 citrons verts et presser les 4 citrons. Mélanger les zestes et le jus dans une casserole. Si vous utilisez du sucre, ajoutez-le. Faire chauffer le contenu de la casserole à feu doux. Pendant ce temps, casser les œufs dans un saladier et battre en omelette. Ajouter l'arrow-root. Verser le jus de citron chaud dans le saladier, tout en continuant à battre. Reverser le mélange dans la casserole et remuer sur feu doux jusqu'à épaississement. Si vous utilisez du sirop d'agave, ajoutez-le hors du feu, une fois le mélange épaissi. Laisser refroidir. Décorer les blancs-mangers avec de généreuses cuillerées de crème au citron vert. Servir frais.

MOUSSE AÉRIENNE AU CITRON

Vous avez demandé une mousse sans œufs, légère et acidulée ? Ne quittez pas, l'agar-agar est là pour répondre à toutes vos attentes ! Ici, la texture mousseuse est obtenue grâce à la faisselle et à l'algue magique, que l'on mixe intimement.

4 (personnes)

- 2 gros citrons
- 1 faisselle au lait de vache, de chèvre ou de brebis, de 400 g net
- 6 c. à soupe de miel liquide
- 1 c. à café rase d'agar-agar

ASTUCES :

• Servez cette mousse avec des biscuits secs de type spéculoos.

• Pour des verrines plus sophistiquées, placez quelques cuillerées de pâte à tartiner au citron (voir recette page 68) dans le fond avant de verser la mousse. Décorez de morceaux de fruits frais et/ou de brisures de biscuits.

Laver les citrons. Râper finement leur zeste et le placer avec la faisselle bien égouttée dans le bol d'un mixeur.

Presser les citrons et verser leur jus dans une casserole. Ajouter le miel et l'agar-agar. Porter à ébullition et laisser frémir pendant 1 minute.

Attendre que ce mélange tiédisse un peu avant de le mixer avec la faisselle. Verser rapidement dans des verrines et laisser refroidir. Servir très frais.

DÉLICE CITRON VERT ET CHOCOLAT

L'association du citron vert et du chocolat au lait est à la fois originale et irrésistible. Voilà qui change de la crème au chocolat toute simple !

POUR 6 PETITS POTS OU 4 COUPELLES

- 2 citrons verts
- 150 g de chocolat au lait
- 400 g de tofu soyeux (à ne pas confondre avec le tofu ferme)

ASTUCES :

• Si vous réussissez à vous procurer des écorces de citron vert confites, n'hésitez pas à les ajouter au mélange après l'avoir mixé. Ce sera sublime !

• Vous pouvez également faire prendre ce mélange en sorbetière, pour obtenir une crème glacée. Dans ce cas, ajoutez 1 verre de lait végétal et consommez juste après la prise en sorbetière, pour profiter de la consistance très onctueuse.

Laver les citrons verts. Faire fondre le chocolat au bain-marie. Râper finement le zeste des citrons et presser l'1 des 2 citrons.

Placer les zestes et le jus dans le bol d'un blender (ou d'un mixeur avec lame en S), avec le tofu soyeux. Ajouter le chocolat fondu. Mixer longuement.

Verser dans des petits pots ou des coupelles et réfrigérer pour 24 heures au moins.

CRÈME GLACÉE FAÇON YAOURT AU CITRON

Difficile de trouver plus simple à réaliser que cette glace, qui ravira tous les palais en quête de fraîcheur pendant les chaudes journées d'été.

4 À 6

- Le jus de 3 citrons (soit 100 ml environ)
- 100 g de sirop d'agave
- 3 yaourts de brebis à la grecque

ASTUCES :
• Si vous conservez cette glace au congélateur, pensez à la sortir et à la placer au réfrigérateur 30 minutes avant de la déguster, pour qu'elle retrouve toute son onctuosité. Il peut être plus simple de la conserver dans des coupelles individuelles et de sortir uniquement la quantité nécessaire.
• Si vous voulez en faire une plus grande quantité, vous pouvez sans difficulté doubler les proportions de la recette.
• Si vous ne trouvez pas de yaourts de brebis à la grecque, remplacez-les par du tofu soyeux (400 g).

Couper les citrons en deux. Presser en prenant garde de ne pas abîmer les écorces, que l'on utilisera pour le service.

Mélanger le jus de citron avec le sirop d'agave. Placer ce mélange dans un bol au réfrigérateur, à côté des yaourts non entamés. Laisser reposer pendant 6 heures au moins.

Au moment de faire la glace, battre les yaourts dans un saladier et ajouter le mélange citron-agave. Placer en sorbetière pour 30 minutes environ. Consommer immédiatement, ou bien placer au congélateur. Pour servir, garnir les écorces des demi-citrons.

« TARTELIGHTS » BANANE ET CITRON VERT

Des tartes au citron complètement déjantées, cela peut, par exemple, donner ces tartelettes acidulées et light, à base de citron vert et de banane. Grâce à l'action de l'agar-agar (poudre gélifiante) et à la texture apportée par la purée de banane, la garniture est à la fois dense et légère, le tout sans aucune matière grasse.

6 (personnes)

POUR LA PÂTE

- 125 g de farine T65
- 60 g de purée d'amande blanche
- 25 g de sucre de canne blond

POUR LA GARNITURE

- 4 bananes mûres
- 4 citrons verts
- 6 c. à soupe de sirop d'agave
- 200 ml de lait de riz
- 1 c. à café rase d'agar-agar

ASTUCES :

- **Oubliez la pâte à tarte et versez la garniture dans des petits pots pour la consommer comme un en-cas léger et rafraîchissant.**
- **Vous pouvez remplacer le lait de riz par du lait de coco et ajouter un peu de noix de coco râpée et toastée pour une version encore plus exotique.**

Préparer la pâte et procéder comme pour la recette de la tarte au citron page 14, mais en utilisant 6 moules à tartelettes et en réduisant le temps de cuisson à 15 ou 20 minutes environ.

Lorsque la pâte est cuite, préparer la garniture. Mixer les bananes avec le jus des citrons verts et le sirop d'agave. Mélanger le lait de riz avec l'agar-agar dans une petite casserole. Tout en remuant, porter le mélange à ébullition et laisser frémir pendant quelques instants. Verser dans le bol contenant le mélange aux bananes et mixer.

Verser rapidement ce mélange sur les fonds de tarte et laisser refroidir à température ambiante. Placer au réfrigérateur. Consommer dans les 24 heures si possible, sinon la pâte risque de ramollir un peu.

RAMEQUINS SOUFFLÉS AU THÉ MATCHA ET AU CITRON

Ce dessert difficile à nommer est une sorte de compromis entre le flan et le soufflé. Sa texture, aérienne au-dessus et fondante en dessous, rend hommage à l'alliance surprenante et chiquissime du thé matcha et du citron.

6 🕴🕴🕴🕴🕴🕴

- 50 g de purée d'amande blanche
- 80 g de sucre de canne blond
- 3 œufs
- 25 g de farine de blé T65
- 250 ml de lait de riz
- 50 ml de jus de citron
- 3 c. à café de thé vert matcha (poudre de thé vert japonais)
- ½ c. à soupe de zeste de citron râpé

ASTUCE :
Vous pouvez réaliser une version « tout citron », sans thé matcha. Dans ce cas, servez par exemple avec un coulis de framboise.

Préchauffer le four à 180 °C. Huiler 6 ramequins.

Battre à la fourchette la purée d'amande avec la moitié du sucre et les jaunes d'œufs, pendant 5 minutes. Le mélange doit être mousseux et bien homogène. Ajouter alors la farine et le lait de riz, puis le jus de citron. Incorporer enfin le matcha et le zeste de citron.

Battre les blancs en neige bien ferme, en ajoutant très progressivement le sucre restant. Incorporer le tiers des blancs en neige dans le mélange précédent. Ajouter ensuite le reste, en prenant bien garde de ne pas casser les blancs. Verser la pâte dans les ramequins.

Cuire au four, dans un bain-marie, pendant 25 minutes. Laisser refroidir. Réfrigérer pendant plusieurs heures avant de servir bien frais.

YAOURTS « COMME QUAND ON ÉTAIT PETIT »

Option « douceur citron »

Ces yaourts ont un bon goût de « fait maison », de douceur vanillée réveillée par la note acidulée du citron... Tant et si bien qu'ils plaisent même aux grands enfants qui n'aiment pas les yaourts !

POUR 8 POTS

- 1 yaourt nature au lait de vache ou de soja
- 2 c. à soupe de sucre de canne blond
- 10 gouttes d'essence de citron
- 500 ml de lait de soja à la vanille
- 450 ml de lait de soja nature

Dans un cul-de-poule, battre le yaourt avec le sucre. Ajouter l'essence de citron. Délayer avec les laits de soja, en les versant petit à petit. Répartir dans 8 pots de yaourt. Placer en yaourtière pour 10 à 12 heures environ.

Option « très très citron »

Ces yaourts-ci sont pour les fondus de citron : il faut les remuer avant dégustation pour mélanger les écorces de citron confites au yaourt délicatement aromatisé...

POUR 8 POTS

- 10 gouttes d'essence de citron
- 4 c. à soupe de sirop d'agave
- 1 yaourt nature au lait de vache ou de soja
- 900 ml de lait de soja nature
- 40 g d'écorces de citron confites

Mélanger l'essence de citron, le sirop d'agave et le yaourt. Suivre la même recette que pour l'option « douceur citron », en plaçant les écorces de citron confites coupées en dés au fond des pots.

ASTUCES :

• Le yaourt nature au lait de vache rendra la préparation plus crémeuse, mais vous pouvez lui préférer une version « tout soja ».

• Pour réussir vos yaourts sans yaourtière, faites-les prendre à la vapeur ou bien au four à 40 °C (porte entrouverte).

CONFITURE DES JOURS « SANS »

Pour réaliser une confiture 100 % citron, il convient d'utiliser énormément de sucre... Sinon, on peut aussi choisir d'adoucir l'acidité du citron en utilisant des pommes. Cela permet en outre de réaliser cette confiture à la fin de l'hiver, lorsque la marmelade d'orange a lassé tout le monde et que fraises et rhubarbe n'ont pas encore pointé le bout de leur nez sur les étals des primeurs.

POUR 2 OU 3 POTS

1 kg de pommes

250 g de sucre de canne brun

2 citrons

ASTUCE :
Cette confiture, peu sucrée, gagne à être réalisée en petites quantités et consommée rapidement.

Éplucher les pommes, ôter les trognons et couper en morceaux. Faire compoter pendant 20 minutes sur feu doux.

Ajouter le sucre, le jus des citrons et leurs zestes râpés. Laisser cuire sur feu très doux pendant 30 minutes environ. Mettre en pots.

PÂTE À TARTINER AU CITRON

Inspirée du traditionnel *lemon curd* anglais, cette pâte à tartiner est extrêmement onctueuse. L'utilisation d'arrow-root et l'absence de beurre la rendent beaucoup plus digeste que la version initiale. À utiliser dans les desserts (verrines, garniture de gâteaux, de cupcakes, de tartelettes…) ou bien à tartiner telle quelle.

POUR 1 GRAND POT

- 3 citrons jaunes
- 100 g de sucre de canne blond
- 1 c. à soupe rase d'arrow-root
- 3 œufs

ASTUCES :

- **Conservez au réfrigérateur et consommez dans les 3 jours.**
- **À utiliser dans d'autres recettes de ce livre : gratin de fruits « croustifondant », crumble façon cheese-cake…**
- **Pour une version au citron vert, utilisez les zestes de 2 citrons verts et le jus de 3 citrons verts plus celui de 1 citron jaune.**
- **Pour une pâte à tartiner 100 % santé, mixez 80 g de dattes medjoul (poids net dénoyautées), le jus de 1 citron et 80 g de purée d'amande complète. Conservez au réfrigérateur. Tartinez sur du pain, des galettes de riz ou des tranches de fruits.**

Laver les citrons. Râper le zeste de 2 d'entre eux et presser les 3 citrons. Placer zestes et jus dans une casserole avec le sucre. Faire chauffer à feu doux pour que le sucre fonde.

Dans un grand saladier, placer l'arrow-root. Casser 1 œuf par-dessus et battre au fouet pour délayer l'arrow-root. Ajouter les 2 autres œufs. Une fois le résultat bien homogène, incorporer le mélange citron-sucre tout en fouettant.

Reverser dans la casserole, sur feu moyen, et continuer à fouetter. Le mélange va rapidement épaissir. Une fois qu'il est bien crémeux, placer dans un pot à confiture.

LIMONADE EXPRESS

Vous adorez la limonade, mais pas les tonnes de sucre ni les parfums industriels qu'elle contient la plupart du temps ? Oubliez-la, il suffit d'avoir toujours sous la main quelques gouttes d'essence de citron pour réaliser une citronnade express, saine et tonique !

1 🚹

- 3 gouttes d'essence de citron
- 2 c. à café de sirop d'agave
- 1 grand verre d'eau pétillante naturelle bien fraîche

Dans un grand verre, délayer l'essence de citron avec le sirop d'agave.

Diluer en versant l'eau pétillante.

Ajouter quelques glaçons si nécessaire et consommer immédiatement.

ASTUCE :
Vous pouvez multiplier les proportions et servir cette citronnade en pichet.

Achevé d'imprimé
en janvier 2010.